Inhalt

Impfstoffe - Wachstumsmarkt, knappes Gut und Hoffnungsträger

Kernthesen

Beitrag

Fallbeispiele

Zahlen und Fakten

Weiterführende Literatur

Impressum

Impfstoffe - Wachstumsmarkt, knappes Gut und Hoffnungsträger

Autor GENIOS BranchenWissen: A.Schneider

Kernthesen

- Impfstoffe gelten bei Pharmaunternehmen und auf dem Kapitalmarkt als weltweiter, lukrativer Wachstumsmarkt.
- Innovative Impfstoffhersteller gelten aufgrund der guten Wachstumsaussichten als attraktive Übernahmenkandidaten.
- Die jährliche Grippeimpfung wird für etwa 23 Millionen Menschen in Deutschland empfohlen, der diesjährige Grippeimpfstoff war allerdings bereits Anfang Oktober knapp geworden, steht jedoch inzwischen

wieder in ausreichender Menge zur Verfügung.

- Neue Impfstoffe gegen Malaria und TBC sind in Erprobung und zeigen erste Erfolge, auf vielen anderen Gebieten wie HIV, Ebola und Vogelgrippe wird weiter um die Wette geforscht.

Beitrag

Die Grippeimpfstoffknappheit vom Oktober ist überstanden. Der Influenzaimpfstoff für die Saison 2005/2006 ist vollständig produziert und ausgeliefert. Generell gelten Impfstoffe unterschiedlichster Art sowohl bei Pharmaunternehmen als auch auf dem Kapitalmarkt als weltweiter, lukrativer Wachstumsmarkt.

Angst vor (Vogel-)Grippe stärker als Angst vor der Nadel

Herbst-Winterzeit ist nicht nur die Zeit von Glühwein und Plätzchen, sondern leider auch die Zeit der Erkältungen und grippalen Infekte. In den öffentlichen Verkehrsmitteln wird derzeit mal wieder geniest und gehustet, was das Zeug hält. Zwar

wächst sich nicht jede Erkältung zur handfesten Grippe aus, doch wer auf Nummer sicher gehen und sich in den vergangenen Wochen gegen Grippe impfen lassen wollte, erlebte mancherorts eine unerwartete Überraschung. Schon Anfang Oktober war den Ärzten der Impfstoff ausgegangen. So war es beispielsweise in Brandenburg und Berlin zu Engpässen gekommen. (1)
Mussten letztes Jahr noch zwei bis drei Millionen Dosen Grippeimpfstoff vernichtet werden, weil die Deutschen "impfmuffelig" waren, treibt dieses Jahr offenbar die Angst vor der Vogelgrippe die Menschen in die Arztpraxen. Die dort erhaltene Spritze schützt zwar nicht vor der Vogelgrippe, aber sie schadet natürlich auch nicht. Schließlich ist die Grippe eine nicht zu unterschätzende Krankheit. Sie fordert jährlich in Deutschland bis zu 15 000 Todesopfer (doppelt so viele wie der Straßenverkehr!). (2)
Inzwischen kann übrigens in Sachen Impfstoffknappheit wieder Entwarnung gegeben werden. Der Influenzaimpfstoff für die Saison 2005/2006 ist vollständig produziert und ausgeliefert, so das Bundesamt für Sera und Impfstoffe (Paul-Ehrlich-Institut) in Langen bei Frankfurt.

Weltweite Nachfrage nach

Impfstoffen steigt

Das Gesamtvolumen des globalen Vakzinemarkts wird auf rund 9 Mrd Dollar geschätzt. Allein auf Grippeimpfstoffe entfallen heute weltweit 2,7 Mrd Dollar pro Jahr. Mit Wachstumsraten von 30% entwickelt sich das Grippe-Segment, nicht zuletzt dank der Vogelgrippe, fast doppelt so dynamisch wie der gesamte Impfstoffmarkt. In diesem Segment entfallen je ein Viertel auf Glaxo SmithKline und Sanofi-Aventis. Wyeth erreicht einen Marktanteil von 18%, Merck kommt auf 12%. Impfstoffe gelten weltweit als lukrativer Wachstumsmarkt. (19) Die WestLB rechnet mit einer Verdoppelung des Marktvolumens bis 2015. Impfstoffhersteller wie Sanofi-Pasteur, Chiron Vaccines (Novartis) oder GlaxoSmithKline investieren weiter. GlaxoSmithKline baut für fast 100 Millionen EUR ein neues Serumwerk in Dresden und hat für 1,2 Milliarden EUR den kanadischen Impfstoffproduzenten ID Biomedical übernommen. Chiron Vaccines baut in Marburg eine weitere Anlage. (2)

Auch der Finanzmarkt hat die Impfstoffe als Zukunftsmarkt entdeckt. Seit Ende Oktober können Anleger den Perles-Impfstoff-Aktienkorb (ISIN: CH0023049585) erwerben. Er bündelt zehn Firmen, die Impfstoffe und Medikamente gegen Grippeerreger herstellen. Das Zertifikat läuft nur drei Jahre.

Offensichtlich gehen die Finanzexperten der UBS davon aus, das spätestens bis zum 28. Oktober 2008 der derzeitige “Vogelgrippe-Hype” abgeflaut ist. (4)

Impfstoffhersteller derzeit attraktive Übernahmekandidaten

Anfang letzten September verleibte sich Glaxo SmithKline den Vakzine-Herstellers ID Biomedical ein, Ende Oktober übernahm Novartis das mit 8% Weltmarktanteil fünftgrösste Impfstoffunternehmen Chiron. Impfstoffhersteller gelten aufgrund der guten Wachstumsaussichten als attraktive Übernahmenkandidaten. Dies sind häufig insbesondere kleine Biotechfirmen, die an innovativen Impfstoffen gegen chronische Leiden wie Herpes, Alzheimer oder Osteoporose arbeiten, aber auch Unternehmen wie die Schlieremer Firma Cytos, die bereits einen Impfstoff gegen Nikotinsucht erprobt und aktiv an Vakazinen betreffend Fettleibigkeit und Bluthochdruck forscht. (19)

Grippeimpfung wird für etwa 23 Millionen Menschen in

Deutschland empfohlen

Die jährliche Grippeimpfung wird für etwa 23 Millionen Menschen in Deutschland empfohlen, ein Potential das die Forschung lohnt. Vor allem über Sechzigjährigen, Menschen mit chronischen Erkrankungen wie Asthma oder auch mit einem chronisch geschwächten Immunsystem und allen Berufsgruppen, die viel mit anderen Personen zu tun haben wie Busfahrer, Lehrer und Ärzte, wird die Impfung ans Herz gelegt.
Schuld an saisonalen Grippeepidemien beim Menschen sind Influenzaviren des Typs A oder B. Um dem gut ausgebildeten Mediziner die Jagd auf die Viren nicht zu leicht zu machen und den Pharmaunternehmen das Geschäft zu erhalten, verhalten sich die Viren raffiniert und erscheinen immer wieder in neuen Varianten (Mutationen der Oberflächenantigenen Hämagglutinin und Neurominidase). So muss im Grunde jährlich ein neuer Impfstoff entwickelt werden. (5)
Dieses Jahr wurden 20 Millionen Impfstoffdosen produziert. Die Produktion richtet sich nach der Nachfrage im Vorjahr. Geht der Impfstoff aus, kann er nicht quasi über Nacht nachproduziert werden. Die Produktion dauert ungefähr drei Monate. Das Paul-Ehrlich-Institut empfiehlt sogar, schon jetzt seine Grippeimpfung für das nächste Jahr beim Hausarzt anzumelden. Derzeit grassiert in Europa noch keine

Grippewelle. Für Deutschland rechnen die Experten auch dieses Jahr wieder im Januar und Februar mit einem Anstieg der Grippeerkrankungen. "Nach Angaben der Arbeitsgemeinschaft Influenza (AGI) war auch in der 45. Woche dieses Jahres - die Grippesaison dauert gewöhnlich von der 40. bis zur 15. Kalenderwoche des Folgejahres - die Aktivität der akuten respiratorischen Erkrankungen (ARE) auf einem für die Jahreszeit üblichen Niveau. Die ARE - Pharyngitis (Rachenentzündung), Bronchitis und Pneumonie (Lungenentzündung) - werden regelmäßig im Winter von etwa 700 Arztpraxen gemeldet. Diese Influenza-Aktivität gibt Aufschluss darüber, welche Viren im Umlauf sind. Insgesamt wurden in der 44. Meldewoche vier Influenzafälle in Deutschland nachgewiesen. In der 45. Woche waren es drei Fälle, deren Daten an das Robert-Koch-Institut in Berlin übermittelt wurden." (6)
Die WestLB hat errechnet, dass die Influenza mit 1,3 Milliarden Euro jedes Jahr erheblichen volkswirtschaftlichen Schaden anrichtet. Daher würden in Zukunft immer mehr Arbeitgeber ihre Mitarbeiter impfen lassen. Wird es also heute Stallpflicht für Hühner, morgen Impfpflicht für Mitarbeiter heißen?

"Herdimmunität" bei

Kinderkrankheiten angestrebt

Nicht nur gegen Grippe, sondern auch gegen viele andere schwere oder gar lebensbedrohliche Krankheiten gibt es heutzutage gut verträgliche, zuverlässige Impfstoffe. Dabei ist der Schutz des einzelnen nur ein Aspekt. Es geht auch darum, die gesamte Bevölkerung so gut wie möglich vor Epidemien zu schützen. Wenn eine Krankheit durch vorbeugende Impfungen quasi "ausgerottet" ist, spricht man davon, dass eine sogenannte "Herdimmunität" erreicht ist. Dazu muss natürlich ein möglichst großer Anteil der Bevölkerung durchgeimpft sein.

Schon Säuglinge und Kinder können auf Kosten der Krankenkassen vorbeugend gegen die sogenannten Kinderkrankheiten geimpft werden. Die Ständige Impfkommission (STIKO) am Robert Koch-Institut (www.rki.de) in Berlin empfiehlt Impfungen gegen Diphtherie, Wundstarrkrampf (Tetanus), Keuchhusten, Kinderlähmung, Hib, Hepatitis B, Masern, Mumps und Röteln sowie seit vergangenem Jahr auch gegen Windpocken.

Um beispielsweise Herdimmunität bei Diphterie zu erreichen, müssen ca. 80 Prozent der Bevölkerung geimpft sein, bei Mumps 90 Prozent und bei Masern 92 bis 95 Prozent. (7)

Die Forschung läuft auf Hochtouren, nicht zuletzt geht es dabei auch um Marktanteile

Etlichen anderen gefährlichen Krankheiten kann leider noch nicht durch vorbeugende Impfmaßnahmen Einhalt geboten werden. So gibt es noch keinen Impfstoff gegen Malaria, auch wenn die Forschung hier seit Jahren auf Hochtouren läuft. Aktuell hat die Bill-Gates-Stiftung 250 Millionen US-Dollar in die entsprechende Forschung investiert.
Gegen Tuberkulose gibt es zwar seit langem einen Impfstoff, aber er wirkt nur sehr unzureichend.
Zur Vorbeugung gegen Aids gibt es derzeit keinen Impfstoff. Allerdings tauchten in den Medien diesen Monat Berichte auf, denen zufolge sich ein 25-jähriger HIV-infizierter Brite selbst geheilt hat. 14 Monate, nachdem er positiv getestet worden war, ließen sich in seinem Blut keine HI-Viren mehr nachweisen. Möglicherweise liegt in seinem Immunsystem der Ansatzpunkt zur Entwicklung eines Impfstoffs. (8)
In Sachen Vogelgrippe sind zwar nahezu täglich Meldungen über Impfstoffe zu lesen, aber ein spezifisch gegen die Vogelgrippe wirkender Impfstoff kann erst dann produziert werden, wenn der Erreger so mutiert ist, dass tatsächlich eine Ansteckung von

Mensch zu Mensch erfolgt und der genaue Virustyp bekannt ist. Wenn der Erreger dann bekannt wäre, würde es noch rund drei Monate dauern, bis ein spezifischer Impfstoff zur Verfügung stünde.
Fachleute untersuchen daher beispielsweise derzeit, inwiefern man "durch den Zusatz besonderer Verstärkersubstanzen das Impfmaterial so verdünnen kann, dass eine Impfstoffdosis nicht mehr für nur eine, sondern für mehrere Personen reicht". (9)
Chinesische Wissenschaftler haben angekündigt, bald mit dem Testen eines möglicherweise anwendbaren Impfstoffes für Menschen zu beginnen. (10) Die französische Regierung hat Sanofi-Pasteur, die gemeinsame Impfstoff-Tochter von Sanofi-Aventis und Merck, beauftragt, einen Impfstoff gegen die Vogelgrippe zu produzieren, der für 28 Millionen Menschen reicht.
Spätestens seit dem Kinofilm mit Dustin Hoffmann und Renee Russo dürfte das grausame Ebola-Virus vielen bekannt sein. In Zentralafrika breitet sich das Ebola-Virus immer weiter aus. Es gefährdet die dort lebenden Gorillas und Schimpansen und natürlich auch die Menschen. Zwei der größten Gorilla-Populationen hat das Virus bereits vernichtet. Einen vorbeugenden Impfstoff gibt es derzeit nicht. In zwei Impfversuchen wurden zwar Affen erfolgreich vor dem Virus geschützt. Für ein Impfprogramm fehlen allerdings leider die finanziellen Mittel. (11)
Bei Gebärmutterhalskrebs ist aktuellen Meldungen

zufolge nun möglicherweise ein Impfstoff in Sicht. Gebärmutterhalskrebs ist die vierthäufigste Krebsart bei Frauen. Jährlich erkranken in Deutschland fast siebentausend Frauen. Rund zweitausend sterben daran. Die beiden Pharmafirmen Sanofi Pasteur MSD und GlaxoSmithKline arbeiten parallel an einem Impfstoff. Beide Produkte (Gardasil und Cervarix) haben inzwischen die Testphase an Menschen erreicht und sollen, wenn weiterhin alles gut geht, im Jahr 2007 auf den Markt gebracht werden. (12)

Frohe Botschaft für alle Allergiker kommt übrigens aus Japan: Wissenschaftler dort experimentieren angeblich erfolgreich mit einem essbaren Impfstoff auf der Basis von gentechnisch modifiziertem Reis an allergischen Mäusen. Bisheriges Ergebnis: Die Mäuse niesen weniger! Allergiefrei dank "Schluckimpfung" das wäre doch was, nur dass es statt dem Zuckerstückchen das Reiskorn wäre ! (13)

Fallbeispiele

Tuberkulose neuer Impfstoff in

erster Phase der klinischen Prüfungen

Tuberkulose (TBC) breitet sich seit einigen Jahren wieder verstärkt aus. Die Lungenkrankheit kommt vor allem aus Osteuropa und Afrika. Betroffen sind in erster Linie Menschen, die bereits geschwächt sind, beispielsweise durch Armut und Hunger in Krisenregionen und Kriegsgebieten. 15 bis 46 Prozent aller Menschen tragen den TBC-Erreger in sich. Der Bazillus schläft sozusagen in der Lunge bei stark reduzierter Stoffwechseltätigkeit und erwacht erst, wenn der Mensch unter extremen Lebensumständen leidet, zum Beispiel Hunger.
Die Pharmaforschung arbeitet seit vielen Jahren intensiv an einfacheren Diagnoseverfahren, effizienteren Behandlungsmethoden und vor allem auch an wirkungsvolleren vorbeugenden Impfstoffen. Zur Vorbeugung gegen TBC gibt es zwar bereits seit über 50 Jahren einen Impfstoff, das BCG-Vakzin, ein Lebendimpfstoff. Er wirkt allerdings nur sehr eingeschränkt, bei Kindern nur zehn bis 15 Jahre, bei Erwachsenen gar nicht. Die Behandlung mit Antibiotika im Krankheitsfall dauert sehr lange. Sechs Monate müssen die Medikamente verabreicht werden. Das erfordert Konsequenz und Durchhaltevermögen einerseits und entsprechende finanzielle Mittel andererseits. Beides ist in Regionen

mit vielen TBC-Kranken häufig ein Problem. Hinzu kommt, dass die Erreger immer häufiger bereits resistent gegen die Antibiotika sind. So sterben nach wie vor jährlich rund 2,3 Millionen Menschen an TBC. Das börsennotierte Biotech-Unternehmen Intercell AG hat nun einen neuen Tuberkulose-Impfstoff entwickelt, der vor der Infektion schützen soll. Der Impfstoff geht in die erste Phase der klinischen Prüfungen. (14), (15)

Malaria - größte internationale Malaria-Konferenz in Yaounde (Kamerun)

Malaria ist die Tropenkrankheit Nr. 1. Weltweit gibt es 300 bis 500 Millionen Infektionen pro Jahr, eine Million Tote, davon 90% aller Fälle in Afrika, alle 30 Sekunden ein totes Kind. Malaria wird von einzelligen Parasiten, den so genannten Plasmodien, verursacht. Sie gelangen durch den Stich der Anophelesmücke ins menschliche Blut. Eine Milliarde Dollar wären jährlich erforderlich, um die Krankheit zu besiegen. Im vergangenen Jahr flossen rund 275 Millionen EUR in die Malaria-Forschung. Das ist nicht allzu viel, genauer gesagt, sind das nur 0,33 Prozent des Gesamtforschungsmittel auf dem medizinischen

Sektor. 2 000 Gesundheitsexperten trafen sich nun Mitte November in Yaounde (Kamerun) zur bislang größten internationalen Malaria-Konferenz, um über neue Strategien und Fortschritte im Kampf gegen die Malaria zu beraten. Denn dieser ist noch lange nicht gewonnen. Derzeit greift nicht mal die simpelste Schutzmaßnahme so richtig: das Moskitonetz. Statt 60 Prozent, wie von der WHO gefordert, schlafen nur höchstens drei Prozent aller Kinder in Risikogebieten unter einem Moskitonetz. Es gab gute Nachrichten in Yaounde: ein Impfstoff liefert positive Testergebnisse, ein Pilz soll angeblich verhindern, dass die Moskitos den Malaria-Parasiten nicht mehr auf den Menschen übertragen und Pillen auf der Basis des Wirkstoffes Artemisin sollen bahnbrechende Wirkung bei der Behandlung von Malaria-Patienten zeigen. Das wichtigste jedoch wäre ein wirksamer Impfstoff gegen die Verbreitung der Malaria. Den gibt es derzeit nicht. Die Entwicklung ist deshalb so kompliziert, weil der Erreger sehr raffiniert ist. Er hat eine Oberfläche mit extrem variablen Eiweißstrukturen und verschiedene Strategien, um in die menschlichen Körperzellen einzudringen. Die Stiftung von Bill Gates stellte vor kurzem über 250 Millionen Dollar für die Erforschung eines Malaria-Impfstoffes zur Verfügung. Der spanische Mediziner Pedro Alonso hat jetzt einen Impfstoff (RTS, S/AS02A) in einem Test an 2000 Kindern in Mosambik erfolgreich getestet, doch bis dieser in Massenimpfungen zum Einsatz kommen könnte, vergehen noch mindestens fünf Jahre. Er würde das Risiko einer Malaria-Infektion für wenigstens 18 Monate um 35 Prozent reduzieren und zu etwa 50 Prozent vor einer schweren Infektion schützen. Der Impfstoff wurde von GlaxoSmithKline, Europas größtem Pharmakonzern, entwickelt. (16), (17), (18),

Zahlen & Fakten

- Die WestLB schätzt den weltweiten Markt für Influenzaimpfstoffe derzeit auf 1,5 bis 1,8 Milliarden US-Dollar und rechnet mit einer Verdoppelung des Marktvolumens bis 2015.

- Die größten Impfstoffhersteller sind Sanofi-Aventis (Frankreich), Merck & Co. (USA), GlaxoSmithKline (Grossbritannien), Wyeth (USA) und Chiron (USA).

- Chiron, der fünftgrößte Impfstoffhersteller und Biotechnologiespezialist (Umsatz 2004: 1,7 Mrd. Dollar, 5 400 Mitarbeiter, Gewinn 152 Mio. Dollar) ist stark auf Grippemittel konzentriert. Das Unternehmen wird aktuell von dem Schweizer

Pharmakonzern Novartis für 5,1 Milliarden Dollar oder 45 Dollar je Aktie übernommen.

Weiterführende Literatur

(1) Engpaß bei Grippe-Impfstoff wieder behoben
aus DIE WELT, 11.11.2005, Nr. 264, S. 33

(2) Wüstenhagen, Claudia, Vogelgrippe. Konzerne erwarten Impfboom, Welt am Sonntag, 30.10.2005, Nr. 44, S. 25
aus DIE WELT, 11.11.2005, Nr. 264, S. 33

(3) Pharmakonzern Novartis schluckt Chiron vollständig Aufsichtsrat des US-Impfstoffherstellers stimmt höherem Angebot des Schweizer Unternehmens zu · Übernahme kostet 5,1 Mrd. Dollar
aus Financial Times Deutschland vom 01.11.2005, Seite 8

(4) Siemens, Ansgar, Neuemission. Zukunftsmarkt Impfstoffe, FOCUS-MONEY, 26.10.2005, Ausgabe 44, S. 046-047
aus Financial Times Deutschland vom 01.11.2005, Seite 8

(5) Grippeviren mit Pandemie-Potential
aus Frankfurter Allgemeine Zeitung, 17.11.2005, Nr. 268, S. 9

(6) Weiterhin zu wenig Grippeimpfstoff
aus Frankfurter Allgemeine Zeitung, 19.11.2005, Nr. 270, S. 9

(7) Nie mehr Mumps und Masern Wer sein Kind vor gefährlichen Infektionskrankheiten schützen möchte, lässt es impfen
aus Berliner Zeitung, Ausgabe 263 vom 10.11.2005, S. 27

(8) Brite hat sich angeblich selbst von Aids kuriert Experte sieht Schlüssel für einen Impfstoff - Viele Wissenschaftler sind allerdings skeptisch
aus DIE WELT, 15.11.2005, Nr. 267, S. 32

(9) Fieberhafte Versuche in der zweiten Verteidigungslinie
aus Frankfurter Allgemeine Zeitung, 09.11.2005, Nr. 261, S. N2

(10) Vogelgrippe fordert Chinas Führung heraus Bessere Informationspolitik als bei Sars?
aus Neue Zürcher Zeitung, 18.11.2005, Nr. 270, S. 19

(11) Impfungen könnten Ebola-Virus stoppen
aus netzeitung.de vom 25.10.2005

(12) Immun gegen Krebs Gebärmutterhalskrebs wird meistens durch Viren verursacht. Impfstoffe sollen nun vor der Infektion schützen
aus Berliner Zeitung, Ausgabe 261 vom 08.11.2005, S. 12

(13) Gesundheit Eßbare Allergie-Impfung
aus DIE WELT, 01.11.2005, Nr. 255, S. 27

(14) Intercell testet TB-Impfung Gesundheit: Biotech-Firma expandiert in Wachstumsmarkt
aus WirtschaftsBlatt, 19.11.2005, Nr. 2495, S. 5

(15) Neue Medikamente gegen Tuberkulose Marktreife von mehreren Wirkstoffen erwartet - Impfstoff soll auch Vorbeugung deutlich verbessern
aus DIE WELT, 14.11.2005, Nr. 266, S. 31

(16) Impfstoff schützt Kinder vor Malaria
aus netzeitung.de vom 16.11.2005

(17) Ein Pilz macht Mut gegen Malaria Konferenz in Kamerun zeigt neue Ansätze zur Bekämpfung der Infektionskrankheit / 2000 Fachleute beraten
aus Frankfurter Rundschau v. 16.11.2005, S.14, Ausgabe: S Stadt

(18) Alle 30 Sekunden stirbt Kind an Malaria - 1500 Wissenschaftler suchen nach neuem Impfstoff
aus Giessener Anzeiger vom 15.11.2005

(19) Vogelgrippe verleiht Flügel
aus HandelsZeitung vom 23.11.2005 Seite 27

Impressum

Impfstoffe - Wachstumsmarkt, knappes Gut und Hoffnungsträger

Bibliografische Information der deutschen Nationalbibliothek

Die Deutsche Nationalbibliothek verzeichnet diese Publikation in der deutschen Nationalbibliografie; detaillierte bibliografische Daten sind im Internet über http://dnb.d-nb.de abrufbar.

ISBN: 978-3-7379-2727-7

oder ähnliche Einrichtungen und die Einspeicherung und Verarbeitung in elektronischen Systemen.